# 敦煌

# 1 6 5 0 年

柴剑虹 著
张云开 绘

吐魯蕃
敦煌
楼兰
酒泉
張掖
武威
兰州
安定
長安

两千一百多年前，

汉武帝派张骞出使西域，正式开通了丝绸之路。

位于河西走廊西端的敦煌，

成为丝路“咽喉之地”。

公元 366 年，

乐僔和尚云游到敦煌。

日落时分，他见万丈光芒映照鸣沙山崖。

于是发愿在鸣沙山崖壁上开凿出了第一个石窟以修禅拜佛。

后来历经北魏、西魏、北周、隋、唐、五代、宋、元各代，

开窟成像从未间断，

逐渐建成了举世闻名的莫高窟。

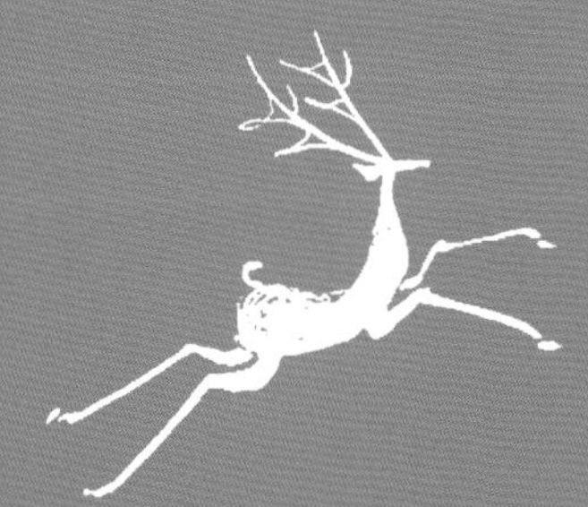

莫高窟现存的历代洞窟 735 个，

其中南区 492 个，存有彩塑 2000 多身，

壁画 45000 多平方米。

除莫高窟外，

敦煌地区还存有西千佛洞 22 窟，

榆林窟 42 窟，东千佛洞 7 窟，五个庙 6 窟，

一共有洞窟 800 多个，

统称“敦煌石窟”。

東千佛洞
榆林窟
莫高窟
西千佛洞
五个庙石窟

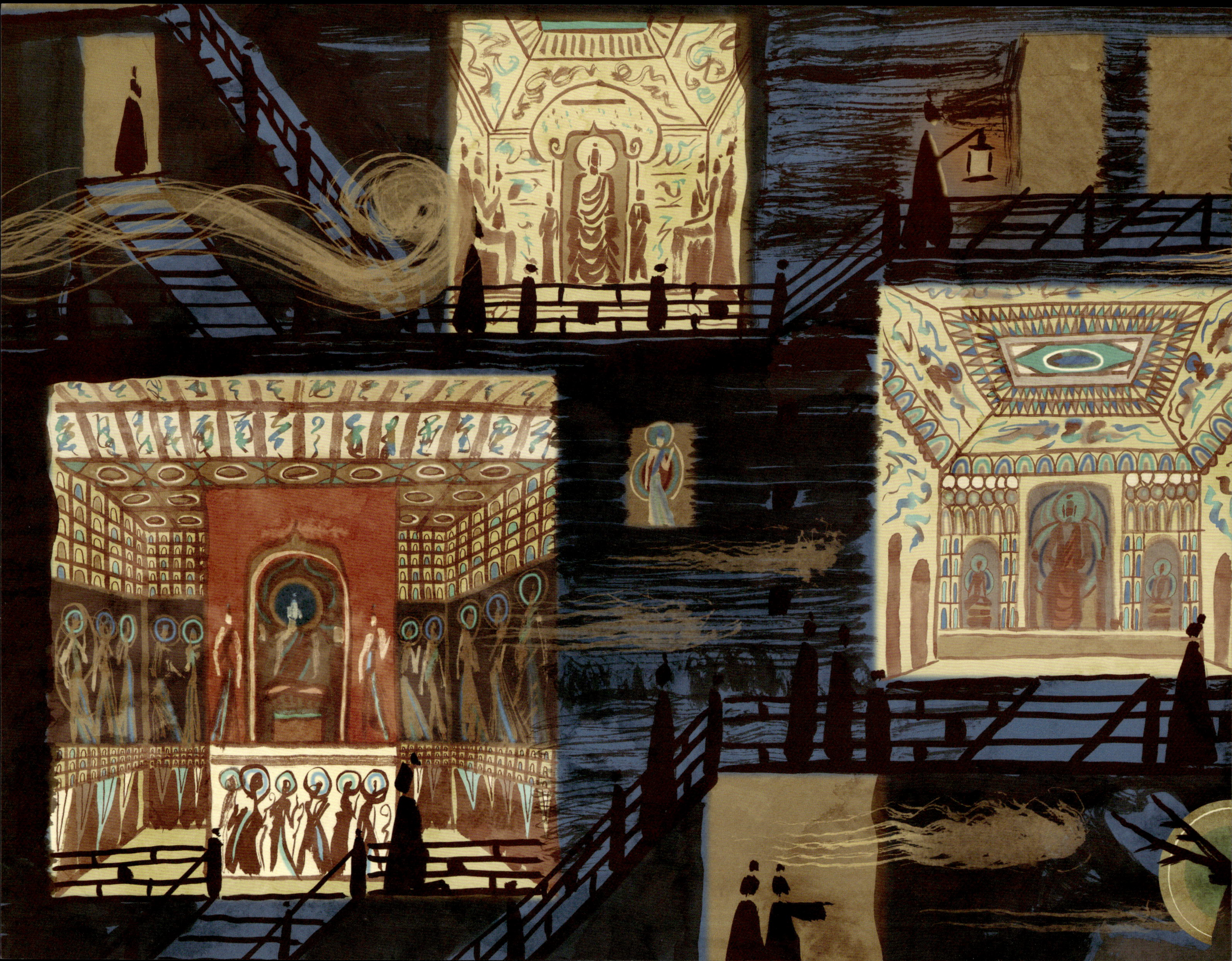

敦煌的洞窟形制主要有中心塔柱窟、禅窟和殿堂窟，它是中国的传统建筑艺术和印度石窟等建筑艺术相结合的产物。

莫高窟中保存的十六国至元代各朝代的彩塑达 2000 多身，

较为完整地反映了 1600 多年间佛教雕塑艺术在中国发展的历程。

敦煌彩塑中最主要的形象有

佛祖释迦摩尼及弥勒佛、药师佛、阿弥陀佛，

还有观音、文殊、普贤、 大势至等菩萨，

有大弟子迦叶、阿难以及飞天、天王、力士等。

彩塑以人工制作的木架为骨，

束以苇草，外敷草泥，

通过塑造和绘画的结合表现人体的肌肤、面部表情、姿态、

须发的蓬松和各种服饰的形状与质地。

壁画是敦煌石窟艺术的重要组成部分，

绘有佛本生故事、佛传故事、

经变画、神话传说、史迹画及供养人形象和各种图案等，

内容丰富，色彩鲜艳。

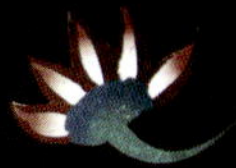

壁画里最灵动多彩的是众多的飞天形象，
有人称之为“敦煌壁画的灵魂”。
丰富多彩的飞天是佛教中国化的产物，
可统称为“飞天伎乐”或“伎乐天”。

敦煌飞天形象始于十六国，终于元代，历时千余年，
现存600多身。

1900 年 6 月 22 日，

一个名叫王圆箓的道士发现了莫高窟 16 窟有一个复洞（后编为第 17 窟），

里面重重叠叠堆满了从公元 4 世纪到 11 世纪初的汉文和其他各种民族文字的写卷、

绢画及佛幡等珍贵文物。

研究者统称为“敦煌遗书”或“敦煌文书”、“敦煌宝藏”。

敦煌遗书的内容几乎涉及了中古时期社会生活的各个侧面，

被称为我国古代生活的“百科全书”，

也是中外文化交流的实证，

因而为世界瞩目。

敦煌宝藏被发现后，

外国的考察队，探险家接踵而来。

他们以各种手段劫掠藏经洞文物，致使大批敦煌文物流散到海外。

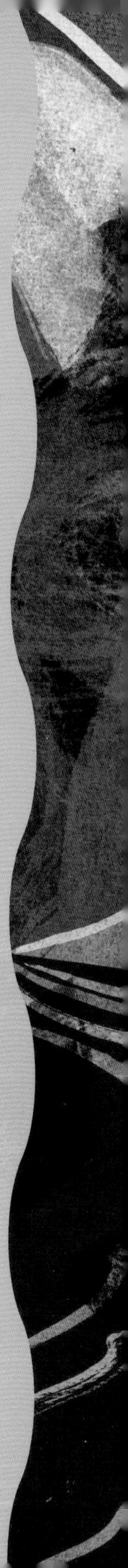

1907 年，

“探险家”英籍匈牙利人奥莱尔·斯坦因第一次来敦煌，

他利用了王道士的无知及对玄奘的崇拜，

骗取了藏经洞出土的敦煌遗书 24 箱、绢画和丝织品等 5 箱。

1914 年第二次再到敦煌，

又从王道士手中获得了 500 余件敦煌遗书。

斯坦因之后，

1908 年初法国汉学家伯希和来到敦煌。

凭借他通晓汉语以及对中国历史文献的丰富知识，

骗取了藏经洞里大量珍贵文书。

来敦煌盗宝的还有日本人、俄国人、美国人。

日本人大谷光瑞考察队盗取了泥塑和不少经卷。

俄国人鄂登堡考察队绘制洞窟平面图，掠取了大量古代艺术品残片和写经残卷。

1924 年，美国人蓝登·华尔纳用特制的化学胶水盗剥了精美的敦煌壁画，

还劫去了一尊精美的唐代供养菩萨塑像。

外国“探险家”的骗取掠夺，致使数万件敦煌文献流散国外。

目前，被收藏在英国、法国、俄罗斯、

日本、德国、美国、韩国、印度、瑞典、丹麦等十几个国家的博物馆、

图书馆和私家手中。

漢書匡衡張禹孔光傳殘卷

上虞 羅 振玉 校錄

上闕

□□□□□□□□以禮樂□□□□□□莫不復賜社

□蒙化而成俗今□□□幸路寢臨朝賀置酒以饗萬方傳

曰君子慎始願陛下留神動靜之節使羣下得望盛德休光

以立基楨天下幸甚上敬納其言頃之衡復奏正南北郊罷

諸淫祀語在郊祀志初元帝時中書令石顯用事自前相韋

玄成及衡皆畏顯不敢失其意至成帝初即位衡乃與御史

大夫甄譚共奏顯追條其舊惡并及黨與於是司隸校尉王

尊劾奏衡譚居大臣位知顯等專權勢作威福爲海內患害

不以時白奏行罰而阿諛曲從附下罔上無大臣輔政之義

1909 年，

中国古文字学家、金石收藏家罗振玉编纂印行《敦煌石室遗书》，

第二年，刊布《石室秘宝》，成为中国敦煌学研究的起步。

五四运动以后，

刘复、向达、王重民、姜亮夫等相继到巴黎、伦敦考察、抄录敦煌文献。

1944 年，敦煌艺术研究所成立，

由从法国回来的画家常书鸿任所长，带领一批有志气的中国美术家和学者，

克服重重困难，开展艰苦卓绝的保护和研究莫高窟文物的工作。

1949 年中华人民共和国成立，1951 年敦煌艺术研究所改名为敦煌文物研究所。

1984 年敦煌研究院成立。

数十年间，人民政府对莫高窟等敦煌石窟进行了多次维修。

1987 年，莫高窟被联合国列入“世界文化遗产名录”。

1983 年夏，中国敦煌吐鲁番学会成立，
经过中国敦煌学研究者的不懈努力，取得丰硕成果；
季羡林教授提出“敦煌在中国，敦煌学在世界”的口号，
得到世界学术界的广泛认同。

2016 年 8–9 月，

为了纪念莫高窟创建 1650 周年，

由敦煌研究院携手中国敦煌吐鲁番学会等，举办了国际学术研讨会和纪念展、音乐会等，

以促进对敦煌文化遗产的保护研究和传承创新。

1650 年，莫高窟沧桑巨变，

不仅青春焕发，以强大的艺术魅力感染了全世界数以千百万计的参观者，

也影响和滋养了一代又一代的文化艺术工作者，举世瞩目。

70 多年来，敦煌文化保护研究工作举世瞩目。

敦煌研究院文物保护利用群体是以常书鸿、段文杰、樊锦诗、王旭东、赵声良等为代表的几代莫高窟守护人。

他们扎根大漠，舍小家为大家，潜心研究和弘扬敦煌文化艺术，取得了举世瞩目的巨大成就。2019 年，樊锦诗被授予“文物保护杰出贡献者”国家荣誉称号。又被评为“感动中国 2019 年度人物”。2020 年 1 月，中共中央宣传部授予该群体“时代楷模”称号。